Letras Inquietas

Colección A mano alzada

Transgénero

Un posthumanismo al alcance de todos los presupuestos

Denis Collin

Prólogo de Lidia Falcón

Primera edición: Noviembre de 2021

Letras Inquietas

Avenida Doctor Ricardo Ruiz de Azcárraga, 10
Apdo. de correos 11
26350 Cenicero (La Rioja)

www.letrasinquietas.com
info@letrasinquietas.com

ISBN: 979–87–6902–135–0

Diseño y maquetación: GL MediaPrint
Imagen de portada: Cortesía de Gerd Altmann
Impresión y distribución: Amazon Media EU S.a.r.l.

Índice

El autor

Denis Collin (Rouen, Francia, 1952), después de ocupar diversos empleos, obtuvo el grado en filosofía (1994) y el título de Doctor (1995) y profesor agregado, enseñó filosofía en un Liceo en Évreux e impartió clases en la Universidad de Rouen hasta 2018. Actualmente está retirado. Fundó y presidió hasta 2019 la popular Universidad Popular de Évreux. Lleva la pagina web de información política *La Sociale*. Su filosofía se sitúa en continuidad con pensamiento de Karl Marx, mientras rechaza el marxismo ortodoxo en sus diversas variantes, aproximándose en sus posturas a las de otros pensadores transversales como Alan de Benoist, líder de la llamada Nueva Derecha o los marxistas heterodoxos Costanzo Preve y Diego Fusaro, de quienes ha llevado a cabo traducciones y con quienes comparte muchos planteamientos. Además de Marx, dedicó diversas obras a figuras clave de la Filosofía Política como Maquiavelo, Vico, Spinoza y Marcuse. Se esfuerza por reconciliar socialismo y republicanismo, y es autor de varias obras dedicadas a la moralidad, las teorías de la justicia y la concepción republica de la libertad. Defiende el Estado-nación frente a las tendencias disolventes, mundialistas y globalistas de nuestro tiempo (mostrándose contrario a la monstruosidad de la Unión Europea, la ONU, y demás entidades transnacionales). La reflexión moral en Collin adquiere una gran importancia, desde la moral y la justicia social hasta el análisis de los peligros de la ingeniería social. Las cuestiones morales "espinosas" se tratan en su blog (eutanasia, ideología de género, homosexualismo, ultra-feminismo, *queer*, posthumanismo, etc.). Otra parte de su trabajo se refiere a la epistemología y la reflexión sobre la técnica y, en particular, la inteligencia artificial. En la editorial Letras Inquietas, ha publicado el ensayo *En defensa del Estado nacional.*

Prólogo

Pocas veces en el curso de las polémicas filosóficas se han traspasado tantas reglas de la lógica ni se han defendido tales despropósitos que se pretende convertir en leyes, reglas sociales, delitos punibles y acciones reivindicativas, como en el momento actual, año 2021, con el llamado discurso del género.

La ideología del género se inicia a partir del posmodernismo. Se han acabado las utopías y los grandes relatos. Relato se denomina ahora lo que antes era ideología o análisis, con lo cual se equipara al "cuento", literatura en definitiva. Todo análisis de la realidad ha de circunscribirse a la experiencia inmediata de la burguesía. Sus ideólogos, pagados no solo de su inteligencia y lucidez sino fundamentalmente por los que dirigen la economía del mundo, han decidido despreciar las categorías marxistas. Estamos en la era de las nuevas tecnologías cuyas herramientas sirven muy exitosamente a la difusión del posmodernismo. Cuando comienzan las experimentaciones posmodernas no existe aún el mundo digital, pero cuando aparece se convierte en el aliado perfecto para coadyuvar a la destrucción del conocimiento y del análisis marxista.

A finales del siglo XX el auge del movimiento feminista comenzó a inquietar a los poderes, no solo económicos y políticos sino también, y muy fundamentalmente, culturales. Desde las instituciones más añejas se trataba de disgregar, confundir, dividir y engañar al movimiento feminista que se estaba fortaleciendo nuevamente. La Universidad fue una de las primeras que engendró en sus cátedras la teoría del género. En Francia, en el Reino Unido, en Estados Unidos, las profesoras comenzaron a esforzarse en construir una teoría que pretendía explicar la opresión femenina –de la explotación se habla menos, la Universidad está detenida en las discusiones filosóficas tomistas que sólo tratan de las cuestiones superestructurales– en términos que creían "nuevos". Y de allí se infectó a las universidades españolas.

El materialismo marxista ha sido erradicado del programa educativo en España y el idealismo tomista ha tomado las aulas y las cátedras. Por tanto la definición de materia de Lenin: *"La materia es una categoría filosófica que sirve para designar la realidad objetiva, que es dada al hombre en sus sensaciones, que es copiada, fotografiada, reflejada por nuestras sensaciones, y que existe independientemente de ellas"*, ni se conoce ni se acepta[1].

El pensamiento postmodernista tomó el turno para decir, "sabes, no es que esa verdad haya estado equivocada o incompleta, es que no existe tal cosa como una verdad objetiva, no existe una realidad objetiva que pueda ser observada, todo es subjetivo, todo es manifestación de la propia posición cultural".

Volviendo a las disquisiciones escolásticas sobre la esencia y la existencia que permitieron que en el siglo XIII se discutiera largamente sobre el sexo de los ángeles y cuántos de ellos cabían en la punta de un alfiler, este siglo XXI, ha retrocedido en el pensamiento filosófico varios siglos. De espaldas a los conocimientos científicos la Filosofía se asienta hoy en el idealismo. Quizá por ello en la nueva ley de Educación va a ser eliminada del pro-

---

[1] Ver también: FERNÁNDEZ RIQUELME, S.: *De Lenin a Gorbachov: Una historia breve de la URSS*. Cenicero: Letras Inquietas, 2021 (Nota del editor).

grama de la enseñanza. ¿Para qué conocer la historia y el desarrollo del pensamiento humano si este no se asienta sobre ninguna base material, y en consecuencia puede cambiar a tenor de las modas de los tiempos?

Wikipedia asegura que: *"Género –del lat. genus, -ĕris.– es un término técnico específico en ciencias sociales que alude al «conjunto de características diferenciadas que cada sociedad asigna a hombres y mujeres"*. Al definirlo como término técnico se está prestigiando lo que no ha sido más que una elección azarosa para sustituir las categorías de mujer y feminismo. Al utilizar género se está remitiendo a una categoría relacional y no a una simple clasificación de los sujetos en grupos identitarios[2]. Según la Organización Mundial de la Salud, se refiere a *"los roles socialmente construidos, comportamientos, actividades y atributos que una sociedad considera como apropiados para hombres y mujeres, orientado a visibilizar aquellas diferencias y desigualdades sociales entre hombres y mujeres que provienen del aprendizaje, así como los estereotipos, los prejuicios y la influencia de las relaciones de poder en la construcción de los géneros"*.

---

[2] Ver también: ARTEAULT, J–P: *Por una brújula metapolítica y otros ensayos identitarios*. Cenicero: Letras Inquietas, 2021 (Nota del editor).

Esta división de roles en la sociedad, la división sexual del trabajo[3], se definía antes como la ideología sexista que sabíamos desde largo tiempo atrás atribuye al varón la preeminencia social, con toda clase de privilegios, y a la mujer el papel secundario y sumiso. Lo que desde Engels denominamos patriarcado. A partir de las elucubraciones de Rubin y otras ideólogas de su escuela que difunden el término en las Universidades estadounidenses, de donde pasará rápidamente a las latinoamericanas y a las europeas, el término género se convierte en la expresión utilizada para todos las categorías tanto antropológicas: mujer, hombre, como marxianas: clase, explotación sexual, patriarcado.

Si las agresiones de los hombres a las mujeres en vez de violencia machista se denominan violencia de género, queda indeterminado quien es el agresor y quien la víctima. Género lo tenemos todas las personas y por tanto ya no hay culpables e inocentes en la violencia, cualquiera puede ser víctima o agresor. La violencia de género no es una violencia de clase, ni siquiera de sexo puesto que este sustantivo no se emplea nunca. Esta terminología, uti-

[3] Ver también: FUSARO, D.: *La muerte del trabajo*. Cenicero: Letras Inquietas, 2021 (Nota del editor).

lizada en la ley española de "violencia de género", ha permitido que se organicen hombres maltratadores para denunciar que ellos son víctimas de la violencia femenina y feminista, y permite que las formaciones de ultraderecha afirmen que cualquiera, hombre o mujer, puede ser agresor o víctima.

El transgénero

La invisibilización del sexo biológico como condición fundamental de la clasificación de los seres humanos en hombres y mujeres y que justifica la preeminencia de unos y el sometimiento de las otras, ha dado lugar al conflicto que se ha desatado en el movimiento feminista, y que está abarcando a toda la sociedad, sobre lo que se denomina transgénero, a partir de las teorizaciones de las autoras citadas. De aquellos polvos estos lodos. Ya no es condición *sine qua non* para clasificarnos como mujer la construcción anatómica del cuerpo con los órganos precisos para poder realizar el complicado proceso del embarazo, el parto y la lactancia, mientras el cuerpo masculino posee los genitales preparados para la inseminación. La base material de la división sexual de trabajo entre hombres y mujeres para la reproducción queda oculta por un discurso simbólico. Del materialismo al idealismo. Nadie cita a Friedrich Engels en su obra precursora *El origen de la familia, la propiedad privada y el Estado* donde esboza la descripción del patriarcado, que después tanto hemos estudiado. Es el triunfo de la ideología capitalista.

El filósofo Denis Collin ha escrito una crítica, que es más disección, de la teoría del transgénero que es definitiva porque no se le puede oponer respuesta racional alguna. Collin analiza las patologías que sufren aquellos personajes que se autodenominan transgénero, y pretenden, desde la argumentación de su deseo, que se les reconozca como personas del sexo opuesto –alguna mención hace al cambio de edad e incluso de especie– y sus argumentos son irrefutables.

Collin hace un exhaustivo análisis de lo que supone aceptar no sólo legítimo sino también legal, que los seres humanos no estemos determinados por nuestra anatomía, y que esta no solo pueda ser cambiada por el deseo del sujeto, sino, lo más irracional, que no sea necesario proceder a numerosas operaciones de cambio de apariencia, para que este sujeto se convierta en otro. Y que ese deseo se convierta en norma legal impositiva.

Collin argumenta desde la filosofía sobre la perspectiva moral kantiana del daño que se infligen a sí mismos los que se someten a medicaciones y cirugías mutiladoras, que hoy pretenden que deben ser aceptadas por la aplicación de la teoría del "bien". Ese bien tan cambiante como la evolución de las sociedades, y que sólo se defiende por la aceptación social del hecho. Y pone como ejemplo las mutilaciones sexuales femeninas, la cliteridectomía y la infibulación, como sucede en las comunidades primitivas y musulmanas, para demostrar que es imprescindible una ética universal que impida tales crímenes.

Si la transexualidad, entendida hoy como la mutilación sexual y las operaciones de cambio de apariencia corporal, convierten el cuerpo en armazón desmontable, desde el análisis psicoanalítico el autor muestra la espuria utilización del análisis freudiano de la sexualidad de los que defienden el transgénero, para convertir en un derecho lo que es una mutilación, por más voluntaria que se pretenda, que en consecuencia debería ser considerada delictiva.

Los razonamientos de Collin sobre la libertad y la voluntariedad del sujeto víctima de esas prácticas son imprescindibles para desmontar la defensa que de las "nuevas" perversiones realizan los que pretenden legalizar la prostitución, los vientres de alquiler, el transgenerismo.

El libro de Collin es imprescindible para frenar el avance las teorías transgénero que se están implantando en una sociedad ignorante y moldeable según la propaganda de la clase dominante. Muchos sectores de producción están obteniendo indudables beneficios con el avance de la propaganda transgenerista: la industria farmacéutica, las clínicas quirúrgicas, las diversas especialidades médicas. Ya se han montado diversas asociaciones y profesionales que están dando "cursos" sobre el "género". En definitiva, la teoría *queer* se inscribe en esta estrategia de alienación y embrutecimiento de la sociedad de la que el capital siempre obtiene beneficios.

Lidia Falcón

Madrid, 14 de noviembre de 2021

Introducción

Si hay que creer en algunas estadísticas, las solicitudes de operaciones para una reasignación de sexo han aumentado drásticamente en los últimos años. En Estados Unidos, las operaciones oficialmente reconocidas habrían aumentado un 20% en 2016 con respecto a 2014 para llegar a 3.500 casos, pero esta cifra no cuenta, ni mucho menos, todas las operaciones que serían aproximadamente cinco veces más numerosas. Las compañías de seguros, además, ofrecen cada vez más el apoyo de "reasignación de sexo" que se derivan de lo que los psiquiatras llaman disforia de género (por mantener el lenguaje políticamente correcto). En Francia, las operaciones de reasignación de género ahora están cubiertas (bajo condiciones) por la Seguridad Social.

Hay una especie de banalización de lo que, no hace mucho, estaba reservado a unos pocos individuos, en una cierta semiclandestinidad. Por tanto, se están produciendo cambios importantes que no solo son médicos, sino que afectan al ámbito social y las ideologías. Los travestis formaban parte de un panorama social sombrío: travestis en el teatro –durante mucho tiempo los papeles de la mujer fueron interpretados por hombres– o travestis de círculos prostituidos. El cine lo convierte en uno de sus temas favoritos.

En *Victor, Vitoria*, Julie Andrews interpreta el papel de una mujer que se disfraza de hombre ¡que se disfraza de mujer! Los travestis juegan un papel importante en el cine de Pedro Almodóvar. El *Chevalier d'Éon* ha fascinado durante mucho tiempo a los historiadores y especialmente a los aficionados a la historia. En todos estos ejemplos, nos mantenemos en el juego, en el rol que estamos tratando de asumir. Con las operaciones de cambio de sexo es otra cosa, es una ruptura profunda que forma parte de un conjunto de investigaciones, intentos más o menos locos de permitir que el hombre se modifique, no se transforme en apariencias, en juego social, en modales (buenos o malos), pero en su ser biológico, en el sustrato mismo de su existencia. La trivialización del cambio de sexo es, por tanto, el punto de entrada a lo posthumano. Por eso hay un interés fundamental.

El humanismo presupone el reconocimiento de la eminente *"dignidad humana"*, por utilizar el título de la obra de Pico de lla Mirandola y por lo tanto el reconocimiento de su libertad –el hombre es libre, dice Pico porque fue creado a imagen y semejanza de Dios–. Pero se trata del hombre, tal como es, tal como fue "creado". El hombre mortal, el hombre como cuerpo mortal y nada de un hombre ideal recreado por él mismo. Transhumanismo o poshumanismo[4] (los dos términos son aproximadamente equivalentes) significa por el contrario que el hombre es ese ser que debe ser superado: un hombre que escapa a sus límites físicos, que escapa a sus límites intelectuales, que es capaz de alguna manera de ser el causa de sí mismo (*causa sui*) y, por tanto, de ser Dios. Desde este punto de vista, el posthumanismo no es un "humanismo aumentado", pero sí un antihumanismo. Esta *hybris* específica de nuestro tiempo a veces encuentra formas inesperadas. Un político francés, transmitiendo los

---

[4] Ver también: BIELSA ARBIOL, J.A.: *Avatar 2045: Atrapados en la granja tecnotrónica*. Cenicero: Letras Inquietas, 2021 (Nota del editor).

discursos delirantes de ciertos médicos, puede proclamar así: *"También en este terreno pasaremos de lo inevitable a lo deseado y esta emancipación nos pesará con el peso de una mayor responsabilidad. El proceso de individualización, hijo del gran número urbano, no nos hace menos humanos. Al contrario, pone nuestras narices en nuestra humanidad. No habrá descanso. Este es el por qué. El destino humano como siempre se ha conocido, ¿no se reformula por completo cuando se empieza a plantear la posibilidad de acabar con la muerte misma?"*.

El regreso a la realidad es fundamental. La idea de "conquistar la muerte" es todavía tan absurdo y la duración máxima de la vida no se ha extendido (incluso si la esperanza de vida ha aumentado enormemente) y en términos de hombre aumentado hemos disminuido, alienado, atrofiado sobre todo por la sumisión al modo de producción capitalista y sus imperativos de valoración del valor. Ningún Doctor Frankenstein ha logrado crear un ser humano desde cero. En una sociedad donde el ideal del yo reemplaza al dominio del superyó, en una sociedad donde el narcisismo es la ley, la posibilidad de elegir el propio sexo o el propio género (haremos la distinción más adelante) aparece como un primer paso decisivo. El posthumano, y además un paso fácil de dar, un paso al alcance de todos ya que incluso puede ser reembolsado por la Seguridad Social o las compañías de seguros, en definitiva un posthumanismo al alcance de todas las becas.

En primer lugar, tendremos que aclarar la terminología y determinar con precisión qué cubre la amplia etiqueta *trans*, Evitando con cuidado cualquier confusión. Luego intentaremos determinar las causas de la demanda *trans*. Y lo que indica del estado emocional de la sociedad contemporánea. Finalmente, intentaremos delimitar algunas vías tanto en la lógica de lo involucrado como en los principios normativos que posiblemente permitan resistirlo.

¿Qué es lo *trans*?

El prefijo *trans* indica el cruce, el paso de un banco a otro (transatlántico) o la puesta en relación de entidades ordinariamente separadas (movimientos transgeneracionales). El transhumanismo es, pues, la comunicación del hombre y las máquinas que permite el advenimiento de lo posthumano. El trans-género no es muy claro: no se trata de subrayar lo que es común a los géneros masculino y femenino, sino mucho más de rechazar la separación entre hombre y mujer (separación asimilada a un pensamiento "binario") Y para permitir la transición de uno a otro apoyando la fluidez de las identidades de género –fluidez perfectamente en línea con los análisis de Zygmunt Bauman sobre la sociedad líquida–. Pero si admitimos, como exigen los teóricos de los estudios de género, que es necesario distinguir entre el género, como construcción social, y el sexo, como construcción biológica, entonces el transgénero no es en absoluto el transexual equivalente, incluso si el límite entre las dos categorías está lejos de ser estrecho. El transexual es aquel que busca adecuar su sexo biológico al género que cree que debe asumir. El transexual es operado, renuncia, prácticamente definitivamente, a todo lo que pudiera relacionarse con su sexo de nacimiento para injertarse, en la medida de lo posible, los atributos del otro sexo.

Psicoanalíticamente, se podría decir que el transgénero es aquel que manifiesta todos los rasgos de una neurosis, pero este término es inadecuado. Si la neurosis es síntoma de un conflicto entre el ello y el superyó confinado en el yo, el neurótico no pierde el vínculo con lo real. Es consciente de su sufrimiento, puede encontrar en el psicoanálisis los medios para buscar la verdad de su sufrimiento y liberarse de él o al menos ponerlo bajo control. En la disforia de género, el vínculo con la realidad se pierde en gran medida. Quien quiera cambiar de sexo, piensa "realmente" siendo mujer en cuerpo de hombre o viceversa y lejos de introyectar este conflicto (como en la neurosis), lo proyecta exigiendo que la técnica satisfaga su deseo. Hay algo en esto que se asemeja a la ilusión delirante (me tomo por mujer como otros piensan que son Napoleón), o incluso a la perversión narcisista cuyo origen Freud identifica en los desórdenes de la identificación del sexo y que Lacan claramente reducirá a la *"crisis edípica"*. Hay muchos debates dentro del movimiento psicoanalítico sobre la disforia de género, pero como las instituciones han decidido que no se trata de un trastorno mental, sino de un deseo tan normal como el hambre o la sed, estos debates ahora se realizan en voz baja para evitar caer en la golpes de la "fobofobia" que reina en el ambiente.

Hoy los activistas como psiquiatras abogan por el abandono del término transexualidad en favor de transgénero o transgénero, es decir todo lo que concierne a las transidentidades, para tener en cuenta todos los casos de múltiples figuras. Un hombre puede decidir convertirse en una mujer lesbiana o una mujer en un hombre gay "identidad de género psíquica", no coincidiendo ni con el sexo biológico (XX o XY) ni con la orientación sexual (se duda en utilizar este término). Además, ya ni siquiera tenemos derecho a decir que Fulano nació hombre o nació mujer, debemos decir "asignado al nacer como hombre". Para que nadie se olvide, multiplicamos las categorías, ya que este desorden en las identidades desencadena una manía de clasificación y reidentificación. Entonces, los LGBT (lesbianas, gays, bisexuales y *trans*) debe estar abierto a los *queers* (los que están en el medio), a los "agéneros", etc. Lo más intrigante es la enfermedad de la clasificación que, contrariamente a lo que afirman sus promotores, no es más que una esencialización de la conducta.

Sin embargo, hay que hacer una distinción importante: los travestis solo se visten de forma elegante, incluso si usan accesorios femeninos. Solo se convierten en hombres o mujeres a nivel fantasmal. El transgénero que realiza un "reasignación", en cambio, comienza a cambiar biológicamente. Y es un cambio radical de perspectiva. Toda la teoría del género se basa en la separación del género (sexuación psíquica) y el sexo biológico, pero las transformaciones de su propio cuerpo en las que se involucran los transexuales, por el contrario, apuntan a hacer que el cuerpo sexual sea idéntico al sexo psíquico. Los *trans* son, por tanto, una refutación viviente con el ejemplo de la teoría de género o lo que los estadounidenses llaman "extraña teoría".

¿Cómo se convierte a un hombre en una mujer? Hay varias fases y varias técnicas. La más simple supone una feminización de los rasgos visibles: rostro, cabello, caderas, trabajo de la marcha, vellosidad... Es bastante fácil para un niño con rasgos femeninos realizar esta primera transformación que permanece reversible, pero requiere cuidados constantes. Se pueden agregar tratamiento hormonal y cirugía plástica para hacer los senos. Pero aún no ha habido un cambio de sexo adecuado. Estos transexuales (los que puedes ver en las películas pornográficas) son en realidad hombres que pueden hacerse pasar por mujeres siempre que no estén completamente desnudos. Siguen teniendo erecciones y eyaculaciones perfectamente masculinas. Si este individuo masculino tiene una orientación lesbiana, él (o ella) puede convertirse en el padre biológico de un niño que su amigo llevaría (este es el tema de una película de Almodóvar) y si seduce a un hombre, no lo hace. Obviamente no puede tener las mismas relaciones sexuales como si fuera una mujer.

La siguiente fase consiste en la extirpación de los órganos sexuales masculinos, testículos y pene, y mediante una cirugía plástica bastante pesada, la piel del pene se puede utilizar para hacer un pseudoclítoris y se esculpe una pseudo–vagina (vaginoplastia). El individuo que se ha sometido a este tratamiento ya no podrá volver a ser quien era. Pero aún no se convirtió en mujer. Su pseudo–vagina no lubrica naturalmente y su pseudo–clítoris no es un clítoris.

¿Cómo se convierte una mujer en hombre? Es básicamente el mismo proceso, pero al revés. En una primera fase, solo se alteran las características externas normalmente visibles, pero con la condición de iniciar casi de inmediato intervenciones químicas (tratamientos hormonales) y quirúrgicas (extirpación de las mamas). Pero hasta entonces sigue siendo una mujer. Una mujer barbuda, una mujer que parece un hombre, pero una mujer de todos modos. Y todavía puede dar a luz a un hijo (estos casos son la alegría de la prensa). Solo con la extracción de órganos femeninos y la faloplastia la transformación se vuelve irreversible (o casi). Para que este pseudo–pene se vuelva eréctil, hay que esperar entre 12 y 18 meses para poder trasplantar un "pene eréctil" que es solo un órgano mecánico implantado dentro del pseudo–pene y que permite que nuestra mujer convertida en hombre tenga erecciones, pero obviamente sin eyaculación.

En lo que respecta al placer sexual, la literatura sobre el tema es sumamente confusa. Nadie se atreve a afirmar que tener sexo con un *trans* operado es tan satisfactorio como tener relaciones sexuales con individuos no operados. Se utilizan todo tipo de paráfrasis para sortear la cuestión: el goce es un asunto muy subjetivo y nadie sabe cómo disfruta el otro, etc. "Tenemos sensaciones y eso ya es bueno", dicen por ahí. Bien puede ser que este "reasignación" de sexo es un señuelo y algunos estudios reportan que el 60% de los *trans* operados se arrepienten de esta operación, aunque los cirujanos especialistas en estas operaciones dicen que sus pacientes están casi todos muy bien y tienen una vida sexual satisfactoria. También hay una gran cantidad de estados depresivos. La "reasignación" tenía que resolver el problema doloroso y parece que no puede resolver nada. Hay pocos datos confiables sobre los intentos de suicidio después de la cirugía. Algunos sitios mencionan tasas 20 veces más altas que el promedio, sin citar ninguna fuente. Pero *Le Monde*, favorable a todo lo moderno, reconoce que la tasa de suicidios sigue siendo muy alta después de la operación, partiendo del hecho evidente de que las personas *trans* son bastante suicidas antes de la operación. Por tanto, podemos suponer que la operación sólo tiene efectos muy débiles en el mejor de los casos, sobre el malestar de las *trans*.

Evidentemente, está prohibido decir que la disforia sexual, es decir, el desacuerdo entre el sexo biológico y la psique, es una enfermedad. Para evitar esta conclusión, que es obvia para cualquiera que mire las cosas con un mínimo de sentido común, ahora nos preguntamos sobre el origen genético de la disforia sexual. Pero si se trata de un problema genético, la reasignación de sexo (o género) sería simplemente una corrección de un "error de la naturaleza". Una de las consecuencias más vergonzosas para los teóricos de género es que tenemos que admitir que no estamos tratando con construcciones sociales, sino con algo que tiene sus raíces en lo biológico. Entonces, ser hombre o mujer no es una cuestión biológica, pero ser *trans* sí lo es. Todas estas llamadas teorías de género flotantes, no binarias, etc., son en realidad basura inconsistente, palabrería pretenciosa, pero muy útiles para lidiar con la angustia humana.

No confundir transgénero con homosexualidad

Este es un error común, a veces por parte de los mismos interesados: confundimos fácilmente a transgénero y homosexuales y la transfobia y la homofobia se agrupan fácilmente en la misma gran bolsa de fobias que deben eliminarse dondequiera que aparezcan. Sin embargo, la homosexualidad y la disforia sexual son muy diferentes. Los homosexuales son personas atraídas por el mismo sexo que ellos y no atraídas por el sexo opuesto, mientras que, en cierto sentido, el transgénero es, ante todo, alguien que se realiza en una forma fantaseada solo en la representación del sexo opuesto. Un hombre homosexual no es particularmente afeminado y la vieja imagen de "loca" todavía se pega a la piel de los homosexuales asimilados a "invertidos". Si es así, es en parte porque el juego de las apariencias permitió disfrazar la relación homosexual como una relación normal. Si en una pareja homosexual uno juega un rol femenino y el otro un rol masculino, esto es precisamente lo que permite renormalizar lo anormal y evitar admitir que lo que fascina en el otro del mismo sexo es precisamente la mismidad.

En verdad, quienes asimilan la homosexualidad y la inversión de sexos razonan al considerar que la única sexualidad digna de ese nombre es la heterosexualidad y por eso debemos a toda costa encontrar una separación de roles, estereotipos heterosexuales hasta en la relación homosexual. ¿Por qué un hombre prefiere sodomizar a otro hombre? ¿Realmente necesita la ilusión de que el otro es una mujer? ¡Obviamente no! La práctica griega de la pederastia, que no es estrictamente una práctica homosexual, ya que solo concierne a los varones adultos que se vinculan con el amor sodomita con jóvenes adolescentes púberes (pero aún no demasiado barbudos), es una práctica muy particular en la que no encontramos el inversión de los sexos más o menos disfrazada. Una mujer no desea a otra mujer porque la encontraría "masculina". O que ella misma se sentiría como una "chica poco femenina", Pero simplemente es así porque esta otra mujer solicita su deseo por una mujer.

Arriesguemos otra hipótesis más. Casi todas las sociedades que conocemos consideran que la homosexualidad es "contra la naturaleza". O solo sería una peculiaridad de ciertos individuos que hubieran nacido "con eso". Y, por tanto, se diferenciaría del caso general en una especie de "deformidad congénita": esta es la explicación más común de los defensores de la homosexualidad. Y, sin embargo, se podría hacer la hipótesis opuesta. Si estuviéramos de acuerdo con Freud en que la sexualidad humana es originalmente "polimórfica", si no existe en rigor un instinto sexual, sino pulsiones vinculadas a objetos de una historia individual, se podría pensar que la prohibición de la homosexualidad es una prohibición social y cultural construida por las sociedades para orientar la sexualidad hacia la reproducción e inhibir todas las formas que no se ajustan a las necesidades sociales. No hay más aversión "natural" para la homosexualidad que la aversión" natural por incesto. Además, si la homosexualidad fuera "contra la naturaleza", No habría necesidad de prohibirlo o regularlo. Freud nos pone en el camino correcto cuando escribe en *Introducción al Psiconálisis*: *"Estamos destinados a ver la homosexualidad como una consecuencia más o menos regular de la vida amorosa, y su importancia crece en nuestros ojos a medida que profundizamos en ella, pero no parece sacar todas las consecuencias".*

La posición que nos proponemos tomar es que no hay esencia homosexual, que nadie puede decir absolutamente "soy gay" o "soy lesbiana" como se dice "soy francés" o "nací en el pueblo de San Martín". La homosexualidad es una práctica sexual, posiblemente una forma de vida, pero no una forma de ser. Lo que obtenemos de la naturaleza son solo órganos sexuales y redes neuronales y hormonales que controlan el disfrute, pero su uso es educado por la vida social y es esta educación social de la sexualidad la que ahora es condenada como discriminatoria por los defensores de la ideología LGBT+, etc.

Muy curiosamente, cuando repetimos una y otra vez que no nacemos hombre o mujer, sino que nos convertimos en uno, aquí está el LGBT+ etc. sostener que de alguna manera uno nace homosexual. El género, después de todo, no es tan problemático como dice Butler y como repiten sus seguidores. La esencialización de la homosexualidad que parece tan absurda se utiliza ahora para justificar la intervención de la medicina y la cirugía estética en las operaciones de "reasignación de sexo" sobre la base de que el cuerpo ya no corresponde a nuestras fantasías.

Pero la fantasía por definición no corresponde al cuerpo, de lo contrario no sería una fantasía. Por tanto, podríamos concluir que los transexuales, al menos para una parte de ellos, serían homosexuales avergonzados de ser que quieren adecuar su apariencia física a su fantasía y para ello piden una operación que transformará toda su sexualidad en pura fantasía, porque una mujer convertida en hombre nunca se correrá como un hombre ni siquiera con un pene inflable; y un hombre convertido en mujer nunca vendrá como una mujer, incluso con un clítoris falso de piel de bellota.

Mutilación sexual

Las cirugías sexuales no son una invención reciente. Durante mucho tiempo, los hombres (esclavos eunucos, jóvenes castrati para coros papales) y mujeres fueron castrados desde la escisión hasta la infibulación ante las sobrecargas hormonales de los nadadores en la antigua República Democrática Alemana pagaron un alto precio a voluntad de los poderosos para no ser detenidos por los barreras establecidas por "asignación de sexo".

Si rompemos con las normas de corrección política que prescriben no criticar nunca las operaciones de reasignación de género y tratamos de caracterizar objetivamente lo que está en cuestión, debemos llamar a estas cosas por su nombre: mutilación sexual. Supongamos que alguien quisiera tener una pierna más corta que la otra o que le injertaran una mano en el estómago, pensaría que no se encontraría un cirujano para ir y triturar órganos sanos con el bisturí en el estómago. fantasías de un "cliente". De hecho, si: encontramos cirujanos, vestidos con "amabilidad", listos para embarcarse en estas operaciones que uno podría preguntarse si están de acuerdo con el juramento hipocrático. Las operaciones de "cambio de sexo" son un buen negocio que cuenta con el beneplácito de las autoridades políticas, las autoridades morales, en particular de las "izquierda cultural"[5] y nuestra Seguridad Social, que sin embargo tiene grandes dificultades para reembolsar a los pacientes reales y en particular a un cierto número de patologías graves. Y, sin embargo, castrar a alguien o coserle los labios mayores, incluso a petición suya, es de hecho una mutilación sexual, al igual que la castración, la infibulación o la escisión. La cuestión del consentimiento, en el centro de todas las justificaciones de los partidarios de la "moral mínima", no se puede invocar. Si mato a alguien a pedido de ellos, me acusarán de asesinato y, por mucho que pida el consentimiento de la

---

[5] Ver también: FERNÁNDEZ RIQUELME, S.: *La batalla cultural: Globalistas contra soberanistas*. Cenicero: Ultima Libris, 2021 (Nota del editor).

víctima, merezco ir a dar un paseo por la cárcel. Si mutilo a alguien a pedido de ellos, también lo será. Una película, proyectada hace unos años sobre Arte, contaba la historia de un masoquista que le pidió a su fisioterapeuta que le rompiera las extremidades para acabar matándolo. ¡Tal fue el placer del sufrimiento! ¿Permitiremos que esta ficción se convierta en realidad?

Hasta nuevo aviso en Francia, la escisión está prohibida y conduce a "practicantes" ante el sistema de justicia penal. Podríamos señalar que esta ablación bárbara permite integrar a las niñas a su comunidad, que es una tradición cultural como las demás y tan respetable como las demás, etc., y pedir la despenalización de la escisión, que fue un reclamo realizado. por etnopsiquiatría y en particular por Tobie Nathan. Si hacemos esta pregunta, podemos esperar que las personas LGBT+ de todo tipo se pronuncien en contra de la autorización de la escisión, aunque la evolución de las mentalidades en los últimos años hace que esta respuesta sea problemática (el relativismo cultural viene al rescate de la barbarie). Se argumentará que las niñas extirpadas no consienten y que esta es una gran diferencia. Sin embargo, esto no es seguro.

Por un lado, el consentimiento no siempre es un argumento. Aunque en la moral minimalista de los individualistas libertarios (como Ruwen Ogien) el consentimiento individual es el alfa y el omega de la ley, es legalmente insostenible. La prostitución debe ser legalizada según la moral minimalista ya que es una ocupación a la que consienten libremente las prostitutas y las prostitutas que se transforman en "trabajadoras sexuales". Así mismo. el alquiler de úteros (gestantes subrogadas o, más políticamente correcto, gestación subrogada) debe ser legal siempre y cuando las mujeres que decidan tener el bebé de otra u otra estén consintiendo y sus intereses relevantes se tengan en cuenta. Debe notarse que los violadores generalmente afirman que sus víctimas están consintiendo. Además, existen buenas razones para rechazar tanto la transformación de prostitutas en simples trabajadoras sexuales y de subrogación. Por un lado, porque nunca se puede garantizar el consentimiento real de la persona: cuando una mujer pobre se prostituye o alquila su útero, ¿es realmente un consentimiento libre ? Rara vez se ve a las mujeres ricas prostituyéndose o contratando sus servicios como parte de la gestación subrogada. En términos más generales, rara vez se nos explota con nuestro pleno consentimiento; estoy bastante dispuesto a admitir que hay prostitutas que lo hacen por placer y que a algunas mujeres les encanta estar embarazadas, pero me parecen casos excepcionales o racionalizaciones a posteriori.

En segundo lugar, la ley puede prohibir legítimamente ciertos actos a los que una persona consiente. Si, por ejemplo, le pido a alguien que me mate, el que me mata aún debe ser procesado por homicidio. Si veo a alguien a punto de suicidarse, debo intervenir para disuadirlo o evitarlo por la fuerza, de lo contrario tendré que ser procesado por no asistir a una persona en peligro. Podemos lamentarlo, pero yo tampoco tengo derecho a mí mismo a aplastarme con la heroína o incluso a negarme de antemano a contribuir al seguro médico con el argumento de que nunca quiero tratar con médicos y que prefiero morir. Al menos hasta cierto punto, no se me permite ni mirar pasivamente a alguien que se hace daño a sí mismo ni a mí mismo. Se puede discutir la famosa tesis kantiana sobre los deberes que uno se debe a sí mismo, y ciertamente no debe aplicarse de manera absoluta y mecánica, pero es cierto para cualquier precepto moral, pero sigue siendo un marco moral y legal relevante.

De todos modos, ciertamente podemos hacernos daño, mutilarnos, suicidarnos, etc., pero esto no puede ser un derecho, y a fortiori un derecho pagadero y reembolsado por la seguridad social. Se objetará que las operaciones de reasignación de sexo (perdón, género) no solo se otorgan, sino que permiten al individuo encontrar su identidad. Este argumento también es muy cuestionable. Por un lado, el hecho de que alguien *crea* que puede encontrar su identidad con ciertos medios no significa que realmente vaya a encontrarla. La experiencia demuestra, como se ha dicho, que muchos operaron para "cambio de sexo" están lejos de encontrar su bien. Por otro lado, que alguien piense que encuentra su beneficio en una mutilación no significa que una persona externa, a fortiori un médico que ha prestado juramento hipocrático, pueda ayudarlo a operar esta mutilación, de la misma manera. No está permitido romper el brazo de un masoquista que pide que se le rompa el brazo.

Podría ser que el término mutilación sea abusivo. Partidarios del transgénero consideran que la operación que permite un cambio de sexo no es una mutilación, sino un paso para hacer coincidir la identidad biológica y la identidad psíquica. Cuando el Papado organizó redadas de muchachos para castrarlos y convertirlos en cantantes de muy elevada voz, mutiló a estos muchachos y lo hizo por su "bien", ya que la vida de un castrato en la corte pontificia iba a ser "mejor" que la vida en un medio ambiente pobre hasta el siglo pasado. La escisión por extirpación de los labios mayores seguramente permite la integración en la comunidad y es por eso que son las madres que son extirpadas las que muchas veces insisten en que sus hijas sean extirpadas a su vez, por lo que podríamos considerar que es un "bien", tesis apoyada por ciertos relativistas culturales. Como podemos ver, la noción de lo que es un bien es demasiado elástica para dar un criterio moral serio. No es necesario haber leído la *Crítica de la razón práctica* de Kant y los *Fundamentos de la metafísica de las costumbres* para estar convencido de ello.

Un cambio de sexo es objetivamente mutilación, ya que perdemos los órganos relacionados con el placer y la reproducción (si los hay) no ganando los órganos del otro sexo, sino sólo simulaciones, lastimosas caricaturas de penes y clítoris. Las vaginoplastias no crean vaginas capaces de lubricarse por sí mismas y las faloplastias solo producen trozos de carne colgantes, excepto para pegarles prótesis mecánicas; para las prótesis sexuales ya existía el antiguo consolador modernizado en forma de vibrador, que, lamentablemente, no es reembolsado por la Seguridad Social.

Independientemente de cómo se plantee el problema, las operaciones de tipo "transexual" son de hecho mutilaciones sexuales. Podemos decir que se trata de mutilaciones genitales voluntarias, pero eso no cambia la caracterización y no hay razón para que la sociedad apoye estas prácticas de ninguna forma.

Bricolaje: el cuerpo en partes

La visión del cuerpo que emerge de esta inmersión en el mundo de la "reasignación" es el de un conjunto de órganos que se pueden cortar y volver a montar a voluntad. El cuerpo del yo, ese cuerpo subjetivo que es la investidura misma de lo real por el sujeto, investidura en la que el propio sujeto se constituye a sí mismo, se transforma en un simple conjunto de órganos. En *Anti–Edipo,* Deleuze y Guattari elogiaron a la esquizofrenia como una verdadera crítica en la acción del capitalismo. Esta proposición surgió de una visión de lo real como compuesto de "máquinas deseantes": un cuerpo no es más que una conexión de máquinas deseantes. Ciertamente podemos criticar las tesis de Deleuze y

Guattari y sus consecuencias, pero los conceptos que producen dicen algo sobre la ideología de la actualidad.

El transgénero coloca bien el cuerpo en partes desmontables e intercambiables. Tome la piel del brazo para hacer un trozo de pseudo–pene, tome la piel del pene y los testículos para fabricar órganos femeninos, esta es la rutina de las operaciones de reasignación de sexo. Veamos el detalle. La vaginoplastia no es *a priori* una operación vinculada a una reasignación de sexo. Puede ser una simple operación para regenerar la vagina, del mismo tipo que otras operaciones de cirugía estética, en particular después del parto. Pero la vaginoplastia de reasignación de sexo es de naturaleza diferente. ¿Cómo van las cosas en este caso? Se inicia con una terapia hormonal que es una especie de anti–pubertad y se desarrolla en el futuro personajes femeninos reasignados (disminución de la vellosidad, crecimiento de los senos), y con una fuerte caída de la capacidad eréctil. La terapia hormonal se detiene dos o tres semanas antes del procedimiento. La persona que se someterá a esta operación está hospitalizada el día anterior a la operación. Durante este procedimiento quirúrgico, que dura de dos a cuatro horas bajo anestesia general, el cirujano extrae los testículos y el contenido del pene, luego crea una vagina utilizando la piel del pene soldada en el extremo y vuelta hacia el pene (y un injerto de piel adicional si es necesario). El clítoris se crea a partir de la parte superior del glande. El prepucio se usa para crear los labios menores, las partes externas del escroto para crear los labios mayores. Elemental, ¿no?

¿Cómo se realiza la faloplastia ? En cuanto a la vaginoplastia, comenzamos con un tratamiento hormonal (masculino esta vez) que cambia la voz y hace crecer los pelos; se puede completar con una mastectomía. Luego pasamos a la histerectomía (extirpación del útero). Usando piel tomada del brazo, estómago o muslo, hacemos un pene que se trasplanta conectando la uretra para permitir que la persona reasignada sexualmente orine mientras está de pie. La conexión se realiza utilizando los labios menores. También es posible implantar prótesis testiculares que serán muy prácticas para alojar la bomba que acciona el pene eréctil artificial. También hay una reflexión sobre el trasplante de pene, aunque esta operación todavía es muy rara en la actualidad (es decir, en el momento de escribir este ensayo) y está reservada solo para los hombres castrados por accidente: un soldado estadounidense herido en Afganistán ha tenido un pene y escroto trasplantado de esta manera, pero nunca se ha injertado un pene en una mujer.

No es necesario entrar en detalles. Y dejemos de lado las posibles complicaciones quirúrgicas, el sufrimiento que padece el candidato a la reasignación de sexo, el libertinaje de la cirugía y los recursos hospitalarios que se dedican a estas operaciones, de gran utilidad para el negocio de la salud. Se trata de bricolaje en el que se cortan las distintas partes del cuerpo, se vuelven a montar de forma diferente. Tenemos que preguntarnos qué significa romper el cuerpo en pedazos. Uno podría comenzar admitiendo que la disforia de género expresa una relación perversa o psicótica con el propio cuerpo; la dislocación de la relación con el cuerpo es a menudo característica de la esquizofrenia. Sentir a una mujer en el cuerpo de un hombre o a un hombre en el cuerpo de una mujer es de hecho una negación de la realidad. El propio cuerpo es el propio sujeto y esta idea de que el cuerpo es un conjunto de partes ajustables según los deseos del sujeto es verdaderamente una locura. Pero es esta idea la que transmiten los teóricos transgénero: podría elegir mi cuerpo de la misma manera que elijo los muebles de mi sala de estar.

Es bien sabido que la reparación de cadáveres mutilados por accidentes o por quemaduras requiere todo tipo de operaciones complejas a las que también se engloba el "hazlo tu mismo" y a estos montajes de partes del cuerpo. La cirugía reconstructiva tras el cáncer de mama o tras las escisiones es evidentemente un avance considerable y no podría ser más legítimo, ya que se trata simplemente de restaurar en su integridad un cuerpo devastado por la enfermedad o por la crueldad de las costumbres bárbaras. Pero en el caso de la reasignación, se trata de otra cosa muy distinta: no restaurar, sino transformar el cuerpo según los *desiderata* del sujeto.

La posibilidad de desarrollar este bricolaje del cuerpo humano remite a una visión del hombre y a un proyecto. Esta visión del hombre es la de un individuo que ya no tiene, estrictamente hablando, "uno mismo", Que ya no forma una unidad, un individuo en sentido estricto, sino un "dividendo" divisible según las necesidades y reorganizable a voluntad. Esta visión mecanicista es simplemente la proyección sobre el ser humano del modelo del robot. En su prefacio a La *Philosophie dans Boudoir*, Yvon Belaval ha mostrado claramente cómo la historia de Sade transforma las relaciones sexuales en conjuntos de máquinas que se entrelazan entre sí. El hombre cortado en pedazos emerge de este grupo de máquinas.

Es nuevamente esta visión del cuerpo destrozado la que está en la base de la esquizofrenia, como se expresa en Antonin Arthaud. En *Para terminar con el juicio de Dios*, Artaud da una explicación: *"El hombre está enfermo porque está mal construido"* y si está mal construido es porque tiene órganos: *"No hay nada más inútil que un órgano. Cuando lo hayas convertido en un cuerpo sin órganos, lo habrás liberado de todos sus automatismos y volverás a su verdadera libertad".* Deleuze y Guattari discuten que este "informe" que rodea la conciencia y posiblemente la amenaza, este "cuerpo sin órgano", es un "plano" de la realidad del cuerpo, un estrato del cuerpo que se opone al organismo, es decir, a digamos, al cuerpo compuesto de órganos estructurados, a estas relaciones de poder de las que habla Nietzsche. El organismo es en cierto modo la explotación del cuerpo atado por la jerarquización o la centralización de sus diferentes partes, y consecuentemente subyugado. La rebelión contra esta organización es lo que encontramos en Artaud. Esta postura se opone a la idea del "yo–cuerpo" que hemos encontrado en la fenomenología. El cuerpo sin objeto de nuestros dos autores no es una conciencia comprometida con el mundo. No hay más espacio para un "yo". No más sitio para el Uno. Es una pura multitud que ahora se nos presenta.

Esto es lo que la visión emerge en el trasfondo de la ideología *trans*. Veamos ahora por qué esta visión, que a priori sólo puede referirse a destinos individuales, se está convirtiendo ahora en una cuestión social. ¿Por qué lo que todavía era muy marginal se vuelve tan importante que nos comprometemos a proporcionar "capacitación" a los escolares para animarles a no caer en la "transfobia"? En verdad, la concepción del cuerpo y la relación con la sexualidad que constituyen el trasfondo de lo asombroso "transmanía" contemporánea se refiere directamente al desarrollo actual del modo de producción capitalista. Si el cuerpo puede ser modificado a voluntad, sus órganos cambiados o transformados, se abre una nueva forma de pensar sobre el hombre y un nuevo campo de experimentación. El tejido humano, que empieza a correr a toda velocidad con la reproducción asistida, podría encontrar un complemento útil en la industria del sexo. Cada vez se producen más niños cuyo sexo (mientras se espera más) fue elegido por los padres, no hace falta decir que entonces debemos poder modificar este sexo, ya que ya era el resultado de una elección. Un segundo aspecto también es fundamental: dejar que la lotería de la meiosis decida quién soy biológicamente es un ataque intolerable a mi libertad como súbdito soberano. No tengo ninguna razón para aceptar que los procesos tan aleatorios como los procesos vivos me determinen. Aquí también debemos dejar todo su lugar a la nueva ingeniería de los vivos, de la cual este desgarro del cuerpo humano es la condición. Si la cosificación –concepto de Lukács retomado por la teoría crítica– caracteriza el modo de producción capitalista[6], hoy esta transformación del cuerpo humano en un conjunto de partes modificables a voluntad constituye uno de los puntos avanzados de esta cosificación.

---

[6] Ver también: BLANCO, C.X.: *El virus del liberalismo*. Cenicero: Letras Inquietas, 2021 (Nota del editor).

El hermafrodita como ideal social

John Money es el gran maestro de los transexuales en la actualidad. Reconocido psicólogo y sexólogo, docente, apoyó la idea de que el género es una construcción social. Aunque la reputación de Money no siempre es famosa en los estudios de género, debido a su fallida operación sobre David Raimer, sigue siendo un referente imprescindible ya que es él quien introduce los conceptos de rol de género, parafilia y similares que se han vuelto de uso común. Los hermafroditas fueron su primer objeto de estudio, y fue a partir de esta fascinación por los hermafroditas que Money llegó a la conclusión de que el sexo era una construcción social. Si opera correctamente a un bebé varón, puede convertirlo en una niña, y eso es precisamente lo que intentó Money al tomar a un niño varón nacido con una deformidad del pene como su conejillo de indias. Dado que es significativamente más fácil cortar un trozo de carne de los órganos masculinos que trasplantar órganos sexuales femeninos, el experimento de Money fue en una dirección. Y terminó con un estrepitoso fracaso que debería haber clasificado a este señor en una categoría cercana a la de los llamados médicos de los campos nazis.

La fascinación por los hermafroditas se remonta a mucho tiempo atrás. La *Enciclopedia* de Diderot y D'Alembert contiene una gran cantidad de láminas dedicadas a ellos. En *El sueño de d'Alembert*, Diderot hace que la señorita de Lespinasse diga *"el hombre puede ser simplemente el monstruo de la mujer, o la mujer el monstruo del hombre"*. Teniendo en cuenta que los genitales masculinos y femeninos simplemente se invierten girando hacia adentro o hacia afuera, también serían monstruos el uno del otro. Habría mucho que decir sobre el uso del monstruo en el pensamiento evolutivo de Diderot, especialmente como se establece en las explicaciones que Bordeu da a la señorita de Lespinasse. Cualquier evolución y transformación del género ya es monstruosa. Esto es lo que ya indicó Aristóteles: *"Además, el que no se parece a los padres ya es, en ciertos aspectos, un monstruo: porque en este caso, la naturaleza se ha desviado, en cierta medida, del tipo genérico. La primera desviación está en el nacimiento de una mujer en lugar de un hombre"*. La diferencia entre los sexos es de hecho" monstruoso" para el niño que descubre que la niña, en lugar del pene, solo muestra una hendidura misteriosa, ya que este apéndice masculino le parece monstruoso a la niña. Es monstruoso porque es incomprensible. ¿Por qué él (o ella) no es como yo? En esto se juega la cuestión freudiana de la castración y la relación con el falo.

A partir del análisis del pequeño Hans, Freud avanza el complejo de castración como explicación infantil de la diferencia entre sexos: la niña es ese ser al que le falta el pene y el niño se encuentra en la angustiosa situación donde domina el miedo a la posesión, encontrarse como la niña, privada de un pene. Al menos esta es la explicación que Freud da en sus *Tres ensayos* y que retoma en su *Introducción al psicoanálisis*: *"La curiosidad sexual de un niño comienza temprano, a veces antes del tercer año. No se parte de las diferencias entre sexos, estas diferencias no existen para los niños, que (en particular los niños) atribuyen a ambos sexos los mismos genitales, los del sexo masculino. Cuando un niño descubre en su hermana o en un compañero de juegos la existencia de la vagina, comienza por negar el testimonio de sus sentidos, pues no puede imaginar que un ser humano esté desprovisto de un órgano al que atribuye tan gran valor. Posteriormente retrocede, asustado por la posibilidad que se le revela y comienza a sentir la acción de ciertas amenazas que le han sido dirigidas anteriormente con motivo de la excesiva atención que le prestó a su pequeño miembro. Cae bajo el dominio de lo que llamamos complejo de castración, cuya forma influye en su carácter, cuando se mantiene en buen estado de salud, en su neurosis, cuando enferma, en sus resistencias, cuando sufre un tratamiento analítico. En cuanto a la niña, sabemos que considera la ausencia de un pene largo y visible como un signo de su inferioridad, que envidia al niño porque tiene este órgano, que esta envidia nace en ella el deseo de ser hombre. y que ese deseo luego se ve envuelto en la neurosis provocada por los fracasos que vivió en el cumplimiento de su misión de mujer. En la niña muy joven, el clítoris también juega el papel de pene, es el asiento de una excitabilidad particular, el órgano que proporciona la satisfacción autoerótica. La transformación de la niña en mujer se caracteriza principalmente por el hecho de que esta sensibilidad se mueve en el momento oportuno y completamente desde el clítoris hasta la entrada de la vagina. En los casos de la llamada anes-*

tesia sexual en mujeres, el clítoris conserva intacta su sensibilidad". Dejemos de lado los juicios implícitos de Freud que atestiguan el hecho de que uno nunca logra saltar por encima de la propia cabeza: la "misión de la mujer" y el cambio normal en la sensibilidad del clítoris a la vagina... Queda una descripción de las ansiedades de la primera infancia, cuya evidencia es bastante clara e incluso bastante banal.

En la medida en que el instinto en el ser humano deja espacio a la educación (y a veces incluso a la formación), la cuestión del destino de cualquier individuo humano es ante todo en esta relación con el sexo, identificarse con el propio y aceptar la diferencia del otro. Esto es precisamente lo que rechaza la ideología LGBT+, etc. y la teoría del género flotante que hace del hermafrodita su emblema. Demos dos ejemplos.

Hombres de aspecto femenino (la corrección política prohíbe el uso del término transexual, considerado por *trans* tan insultantes o difamatorios) son un tipo especial de hermafroditas producidos artificialmente clasificados como transgénero incorrectamente, ya que precisamente no han cambiado realmente a nivel genital. Son típicamente los personajes de ciertas películas de Pedro Almodóvar

(*Todo sobre mi madre*, por ejemplo), hombres que han adquirido una apariencia exterior de mujer (rostro, senos, caderas y glúteos remodelados, ausencia de pelo), pero con órganos sexuales masculinos funcionando normalmente. Los textos que se refieren a estos individuos utilizan generalmente el femenino para designarlos, mientras que obviamente es el masculino el que mejor los caracteriza: tienen erecciones y eyaculaciones como cualquier hombre. Ocupan un lugar muy especial tanto en el mundo de la prostitución como en el cine pornográfico. Si tienen este lugar, debe haber aficionados o clientes. Y lo que ocurre aquí es la ambigüedad fundamental de la sexualidad de la que estos intrigantes personajes son los operadores privilegiados. Un hombre que tiene sexo con una transexual juega allí también el papel de un hombre que tiene relaciones con una prostituta que sólo puede sodomizar u obtener una felación como el papel de un homosexual "pasivo" ya que puede ser sodomizado o hacerle una felación a su pareja transexual.

Las mujeres que casi se convierten en hombres son, en cierto modo, lo contrario del caso anterior. Se trata de mujeres que han cambiado su apariencia externa para asemejarse a los hombres sin haber realizado la operación de reasignación de género –no confundir con el hirsutismo, una enfermedad que afecta a algunas mujeres al darles una buena vellosidad–. Un caso había llegado a los titulares: una mujer que se convirtió en hombre homosexual estaba embarazada de su compañero y dio a luz a un hijo nacido, según el estado civil, de dos hombres. Aquí nuevamente estamos en el mundo de los simulacros, este hombre según el estado civil era efectivamente una mujer disfrazada de hombre, un papel de comedia, como el del hombre disfrazado de mujer en *Tootsie*. La comedia de Blake Edwards, *Víctor Victoria*, protagonizada por una mujer que se disfraza de hombre travestido, exhibe brillantemente este juego de espejos en el que nos gusta recrearnos porque pone en juego los resortes inconscientes comunes a toda la humanidad.

En estos dos casos de hermafroditas de los que acabamos de hablar, no son verdaderos hermafroditas, en el sentido biológico, ya que no pueden desempeñar alternativamente los dos roles sexuales, como ocurre con bastante frecuencia en los invertebrados. Son solo hermafroditas en el sentido de la mitología griega, estos hermafroditas de estatuas o frescos antiguos, que representan al hijo o hija de

Hermes y Afrodita uniendo la belleza de sus dos padres. La extrañeza del hermafrodita y la fascinación que ejerce se debe precisamente a que cuestiona la diferencia entre sexos, diferencia que sin duda la humanidad vive como una lágrima y una maldición. En el mito de Aristófanes, relatado por Platón en *El banquete*, la humanidad estaba formada por seres dobles con cuatro brazos, cuatro piernas y dos caras. Estos seres eran masculinos o femeninos, o de un género ahora desaparecido, los *andróginos* (palabra por palabra hombres–mujeres). La integridad de estos seres dobles les dio muchos poderes por lo que Zeus decidió dividirlos en dos y sumergir cada una de las mitades en la búsqueda desesperada de su otra mitad. De esta separación sólo quedaron los dos géneros masculino y femenino, andróginos pertenecientes la mitad a uno de estos géneros y la mitad al otro. Este mito podría explicar el amor homosexual (mitades masculinas buscando su mitad masculina y mitades femeninas buscando su mitad femenina), pero también lo que impulsa a hombres y mujeres el uno hacia el otro, así como la nostalgia por esto.

Sin duda, existe en todo hombre la aspiración de ser una mujer que posea el fantástico privilegio de poder dar a luz, y esta, además, es la razón por la que la esterilidad femenina debe evitarse de todas formas en las sociedades arcaicas. Toda mujer también desea ser hombre y los hombres suelen admirar a las mujeres "que usan las bragas". Más allá de los estereotipos sociales impuestos en las sociedades patriarcales, existe en efecto un profundo deseo de ser intercambiables, pero también un deseo de ser autosuficientes y de abolir esta falta de plenitud que nos obliga a relacionarnos con el otro, aunque sólo sea para tener hijos, con lo cual nuestra sociedad se esfuerza por brindar soluciones con reproducción asistida y gestación subrogada, antes de acabar de una vez por todas con la preocupación por la maternidad gracias a la ectogénesis, es decir, el útero artificial que hará realidad la distopía de Aldous Huxley en *Un mundo feliz*.

El requerimiento *trans* es, al menos en parte, la exigencia de que este deseo se satisfaga con la complicidad activa del negocio médico, que, como todo capital, debe encontrar constantemente nuevos campos de inversión para que continúe la acumulación de capital. Hasta nuestro mundo, las sociedades humanas sabían que todos los deseos no tienen por qué ser satisfechos y deben ser sublimados y es precisamente en este proceso de sublimación donde se arraiga la construcción de la civilización. Hoy la tecnociencia tiene como objetivo dar satisfacción tecnocientífica –ilusoria porque al ser tecnocientífica, es puramente instrumental– a todos nuestros deseos: eres mujer y quieres tener un hijo sola? No hay problema, tenemos la Procreación Médica Asistida o PMA. ¿Eres un hombre y quieres un hijo sin pasar por este asqueroso asunto del sexo con una mujer? Tenemos la solución: la gestación subrogada. ¿Quieres una chica y no un chico? Tenemos la fertilización *in vitro* a nuestra disposición. Y así sucesivamente, a la espera de las mil y una maravillas que nos promete la manipulación genética. ¿Quieres cambiar de sexo? No hay problema, la cirugía tiene todo lo que necesitas a tu disposición.

Si la fantasía es la forma primaria de sublimación, la voluntad de realizar fantasías, es decir la negativa a mantener la fantasía en el estado de fantasía, mediante el uso de los medios de la tecnociencia médica puede caracterizarse como desublimación, una desublimación que somete al cuerpo a los métodos del principio de rendimiento y corresponde exactamente a lo que Marcuse llama *"desublimación represiva"*. El hermafrodita, en cuanto abandona el reino de la fantasía para entrar en la realidad social, ocupa su lugar en este juego de simulacros que es la sociedad del espectáculo. Pero el espectáculo oculta las relaciones entre los individuos tal y como son moldeados por el capital mostrándolos. El hermafrodita se convierte en el arquetipo del hombre intercambiable, alternativamente hombre y mujer, consumidor sin cualidad y productor maleable, humano sin cualidad a la que todos los seres humanos deben ser reducidos cuando el capital ha aplastado todas las formas sociales antiguas, eliminado todas las diferencias bajo la ley del equivalente general, el gran fetiche ante el cual todos son iguales, el dinero.

Narcisismo

El deseo de cambiar de sexo es muy a menudo el deseo de corresponder a la imagen que tenemos de nosotros mismos. Desde este punto de vista, el aumento estadístico de las personas transgénero es solo un aspecto de lo que Christopher Lasch llamó *"la cultura del narcisismo"*. Freud introduce la cuestión del narcisismo en un texto de 1914. Empieza por retomar la definición de Näcke: el narcisismo designa *"el comportamiento por el cual un individuo trata su propio cuerpo de manera similar a como se suele tratar el cuerpo de un objeto sexual: por lo tanto, lo contempla mientras toma placer sexual, lo acaricia, lo engatusa, hasta que lo logra a través de estas prácticas la completa satisfacción"*. La práctica psicoanalítica muestra que encontramos rasgos narcisistas en la homosexualidad (que parece bastante obvia) y en muchas neurosis. Si a primera vista podemos calificar al narcisismo como perversión, Freud, sin embargo, llega muy rápidamente a la idea de que existe un narcisismo normal, aquel que defiende el egoísmo del individuo y que el psicoanalista encuentra en la resistencia que el paciente opone a la influencia que el médico busca imponerle. A partir de estas consideraciones, Freud desarrolla una interpretación de la esquizofrenia que lo lleva no a reprimir, sino a revisar la separación entre las pulsiones libidinales y las pulsiones del yo, que constituye uno de los rasgos característicos del primer tema. Él está mostrando eso: *"Las primeras satisfacciones sexuales autoeróticas se experimentan en conjunción con el ejercicio de funciones vitales que sirven para preservar al individuo. Los impulsos sexuales se apoyan primero en la satisfacción de los impulsos del yo, de los que se independizan solo más tarde; pero este apoyo sigue revelándose en el hecho de que las personas que tienen que ver con la alimentación, el cuidado, la protección del niño se convierten en los primeros objetos sexuales, es en primer lugar la madre o su sustituto".*

Pero esta observación parece contradecirse por la clínica de una serie de perversiones: *"Hemos encontrado con particular evidencia en personas cuyo desarrollo libidinal está perturbado, como los pervertidos y los homosexuales, que no eligen su objeto de amor posterior sobre el modelo de la madre, sino sobre el de ellos mismos. Obviamente, se buscan a sí mismos como un objeto de amor, presentando el tipo de elección de objeto que se puede llamar narcisista. Es en esta observación donde debemos encontrar el motivo más poderoso que nos empuja a la hipótesis del narcisismo".*

Tras interesantes desarrollos sobre la libido femenina, que dejaremos de lado, Freud, resumiendo la distinción entre la libido objetiva apuntadora y la libido objetal narcisista, llega a la siguiente conclusión: *"Se ama: 1) Según el tipo narcisista a) Lo que uno es uno mismo; b) Lo que uno ha sido uno mismo; c) Lo que a uno le gustaría ser uno mismo; d) La persona que ha sido parte de su propio yo. 2) Según el tipo apuntalador: a) La mujer que alimenta; b) El hombre que protege; y las líneas de personas sustitutas que parten de ellas. El caso c) del primer tipo sólo puede justificarse por los desarrollos que se encontrarán más adelante. Quedará, en otro contexto, apreciar la importancia de la elección de objeto narcisista para la homosexualidad masculina".*

Agreguemos que el caso c) del primer caso también nos permite dar un comienzo de explicación de la disforia de género. Amamos a través del narcisismo lo que nos gustaría ser nosotros mismos: Freud ve en él una explicación de la homosexualidad masculina, pero también podemos ver en él la clave para la comprensión de desorden en el género. Una mujer que ama en un hombre lo que le gustaría ser ella misma, por tanto le gustaría amarse a sí misma (narcisistamente) como hombre y es precisamente este narcisismo el que la hace rechazar su propio cuerpo y querer tener el cuerpo de un hombre, para poder lucir el atuendo varonil y orinar estando de pie .

Este último punto es tan importante que lo vemos regresar en casi todos los estudios sobre operaciones de reasignación de sexo: lo más importante en un trasplante de pseudo–pene no es tanto tener erecciones que no podrán terminar con una descarga, sino finalmente poder orinar estando de pie. Un cierto feminismo, además, hace de la forma de orinar una de las condiciones para la igualdad entre hombres y mujeres. En Suecia, por ejemplo, en 2013, un diputado habría defendido un proyecto de ley destinado a obligar a los hombres a orinar sentados a la vista para mejorar la higiene, fortalecer la igualdad de género y luchar contra el cáncer de próstata. Era una información un poco exagerada: sólo se trataba de un proyecto de resolución presentado en un condado por el "partido de izquierda" local y con el objetivo de arreglar los baños para que los hombres puedan orinar más fácilmente sentados... Pero el asunto es muy significativo, no solo por la ansiedad de castración que se apodera de la empresa *"heteronormo"* como se diría en *Liberatión*, pero también y sobre todo preocupa "desde la izquierda" para acabar con "los diseños binarios de la vida ordinaria". Tengan en cuenta que hay urinarios femeninos, desechables o reutilizables que permiten a las mujeres orinar de pie sin cambiar de sexo (a la venta en un gran sitio de ventas en línea). Además, los antiguos egipcios, según Heródoto, orinaban sentados, como los indios (al parecer) o los árabes. En resumen, no existe ningún dogma médico o científico sobre este tema. Estas son las imágenes que están en cuestión. Ahora, y esto nos devuelve a la cuestión de las personas transgénero, en este caso se trata de imágenes, la imagen de "chico" y el deseo de amar esta imagen en uno mismo. Narciso ama su imagen. Y si podemos extender el narcisismo, como hace Freud, para amar la imagen de lo que nos gustaría ser, lo esencial en las operaciones de reasignación de sexo no es el sexo, sino la *imagen del sexo*.

Lo sabemos por otras observaciones. Los chicos a los que les gustaría ser chicas son, ante todo, chicos a los que les gustaría ser encontrados tan bonitos como chicas, a los que les gustaría vestirse de chicas más que para jugar (siempre revelando el inconsciente). En la lógica del "negocio de entretenimiento", allí donde el espectáculo reemplaza a la vida, es muy natural que lleguemos a esto y que la tecnociencia, como siempre, acuda en ayuda del espectáculo. Transgénero no es la forma única de "cultura del narcisismo". Lo que domina por completo nuestras sociedades, como ha demostrado muy bien Christopher Lasch, es que solo se piense en *selfies*. Y a la manía turística que consiste en fotografiarse frente a un sitio turístico para mostrar claramente que lo importante no es el sitio, sino el "yo" todopoderoso. Pero la forma transgénero de narcisismo puede encajar mucho mejor con otras demandas de "capitalismo de la tercera edad"[7], como la intercambiabilidad de los individuos, el culto a la técnica y la adaptación del cuerpo a la carne, material a tallar, esculpir, transformar.

[7] Ver también: FUSARO, D.: *100% Fusaro: Los ensayos más irreverentes y polémicos de Diego Fusaro*. Cenicero: Letras Inquietas, 2021 (Nota del editor).

Medicina *hybris*

El cambio de sexo se ha considerado durante mucho tiempo como el imposible por excelencia. Se decía que el parlamento británico podía hacer cualquier cosa menos convertir a un hombre en una mujer . Incluso el todopoderoso parlamento británico se topó con este límite. Al sobrepasar este límite, el hombre finalmente alcanza la verdadera omnipotencia. Es capaz de hacerse a sí mismo, es *causa sui*, el pequeño nombre de Dios en la escolástica. Pero lo hace mediante técnica: cirugía, bioquímica, etc. Aquí es donde el transgénero es una rama del transhumanismo. Cambiar de sexo es simplemente transgredir las leyes que asignan al individuo humano a una existencia determinada y que delimitan drásticamente el círculo en el que se puede ejercer la libertad.

Porque la medicina juega un papel central en el proyecto transhumanista o poshumanista, términos que hemos dicho son aproximadamente equivalentes si no, quizás, que el *trans* prepara el *post.* Para que el hombre deje de ser hombre, debe incrementarse. Y en primer lugar para conquistar la muerte: Laurent Alexandre, urólogo, astuto empresario –fundó el sitio *Doctissimo* y lo vendió bien– anuncia a quienes quieran escucharlo sobre *"la muerte de la muerte"*. Es uno de los apóstoles del transhumanismo y un gran adorador de los llamados "inteligencia artificial" (IA). Es el mismo Laurent Alexandre quien anuncia en *Le Fígaro* (13/06/2017) que la distopía de la película *Bienvenue à Gattaca* se convertirá en la norma: *"La selección embrionaria en una forma algo más sofisticada que Welcome to Gattaca se convertirá en la norma. Este no es mi deseo personal, sino un pronóstico. Unión del hombre y la IA, el hombre del futuro podrá ganar esta carrera por la inteligencia"*. Laurent Alexandre afirma: *"Según una encuesta realizada en 2016, el 50% de los jóvenes chinos educados desean poder aumentar el coeficiente intelectual (CI) de su futuro bebé... Un porcentaje que se disparará tan pronto como los padres se den cuenta de que los hijos de sus vecinos todos tienen 50 puntos más de CI que el de ellos"*. Si se le indica que el hombre es un ser sensible que no puede reducirse a su cerebro, el eminente científico descarta la objeción: *"El hombre se reduce a su cerebro. Somos nuestro cerebro. La vida interior es una producción de nuestro cerebro"*. Si el hombre se reduce a su cerebro, el cuerpo es, por tanto, pura y dura materia vil, únicamente a disposición de la vida interior producida por el cerebro.

La *hybris* médica encuentra en la destreza de los manitas de la reasignación sexual un amplio campo de expresión. Sin duda no es por casualidad que la ciencia principal de nuestros días ya no sea la física, sino la biología, porque es en la biología donde podemos esperar encontrar los medios para acabar definitivamente con el hombre, esa criatura imperfecta del azar. Cuando Laurent Alexandre cita *Bienvenue à Gattaca*, pretende olvidar que el primer modelo de esta biología enloquecida data de la década de 1930 y es *Un mundo feliz* de Aldous Huxley. Ahora bien, esto es exactamente a donde los científicos más locos y especialmente sus patrocinadores borrachos de poder quieren ir[8]. Gracias a la medicina científica moderna, podremos descargar a

---

[8] Ver también: BIELSA ARBIOL, J.A.: *Agenda 2030: Las trampas de la Nueva Normalidad.* Cenicero: Letras Inquietas, 2020 (Nota del editor).

la humanidad del peso de la procreación: a la espera de los hombres inmortales que irán a colonizar Marte, se anuncia el útero artificial. La ectogénesis está obviamente diseñada para las mejores intenciones, como facilitar la supervivencia de fetos humanos ultraprematuros. Se han llevado a cabo ensayos concluyentes en corderos y se espera para finales de la década de 2020 de ensayos concluyentes en humanos. Por otro lado, se anuncia que las operaciones de reasignación de género podrían mejorar hasta el punto de dar una sensibilidad sexual real a los órganos trasplantados. En definitiva, podríamos deshacernos definitivamente de la división de la humanidad en sexos masculino y femenino ya que la cuestión de la reproducción, por su parte, ya no se plantearía.

La medicina nos promete un mundo maravilloso. ¿Es posible este maravilloso mundo? Sin duda que no: los caprichos de Alexandre Laurent le hacen ganar mucho dinero, pero la duración máxima de la vida no cambia y la esperanza de vida en buen estado de salud tiene una lamentable tendencia a disminuir. Ciertamente, lo mismo ocurrirá con las utopías sexuales y transgénero. Pero mientras tanto hay dinero que ganar y una ideología invasiva promovida por la propaganda totalitaria es tanto más eficaz porque se hace en nombre de la benevolencia y mediante técnicas supuestamente neutrales. Pero si asumimos que este "mundo feliz" promovido por la medicina delirante puede suceder algún día, he aquí que hay una buena razón por la que es un infierno. Desde cierto punto de vista, la cuestión de la supervivencia de la humanidad ya no se plantearía porque simplemente no habría más *humanidad*.

Subversión al servicio de la tradición patriarcal[9]

Los defensores de las personas transgénero a menudo buscan trivializar su posición al encontrar formas de "subversión" en la reasignación de géneros. Así, en el estudio de las "vírgenes juramentadas", Albania ofrece un ejemplo muy instructivo. En Albania y, al parecer, de forma más general en los Balcanes, existía todo un ritual que permitía a una mujer convertirse en hombre. Si, por ejemplo,

---

[9] Ver también FELTIN-TRACOL, G.: *El camino hercúleo de la tradición: Espiritualidad, poder e identidad en Julius Evola*. Cenicero: Letras Inquietas, 2021 (Nota del editor).

un hombre no tuviera un hijo varón, podría convertir a su hija en su heredera con la condición expresa de que ella jurara convertirse en hombre y, por tanto, no tener relaciones sexuales con un hombre. Entonces será considerada un hombre y disfrutar de todos los privilegios asociados al sexo masculino.

Hay otros ejemplos conocidos que, como todos estos casos particulares, permiten nutrir el relativismo. Así, entre ciertos pueblos de África (*Nuers* de Sudán), una mujer estéril puede ser reconocida oficialmcntc como hombre y casarse con una mujer. No es una pareja de lesbianas la que proporcionaría el modelo de matrimonio para todos, sino a los ojos de esta sociedad una pareja completamente normal, incluso si la esposa solo puede quedar embarazada de un hombre que será utilizado solo como reproductor, el niño que nacerá tomando el nombre del "marido" ficticio. Lejos de invalidar la regla, este ejemplo solo la confirma.

En una forma romántica, este tema está en el centro de la novela de Tahar Ben Jelloun, *L'enfant de sable*. Un hombre que quiere tener un hijo a toda costa nombra a su octava hija Ahmed y la cría como un niño con todos los privilegios de un niño. Ahmed asumirá la impostura de su padre, se casará con una niña abandonada y comenzará su inmersión en el infierno. Es interesante notar que los estudiosos de los estudios transgénero consideran tales prácticas como subversivas, aunque solo son una forma poco convincente de aliviar los inconvenientes de una sociedad patriarcal estricta. Como suele suceder, la subversión desatada acaba asemejándose como dos gotas de agua a la tradición más reaccionaria. El feminismo igualitario, es decir, el que se asienta sobre el principio firme de la igualdad de derechos entre hombres y mujeres, hoy se ve abrumado por un "pseudofeminismo" partidario de la desigualdad, el feminismo pro–*burka*, el feminismo pro–*burkini*, el feminismo pro–poligamia y también este feminismo pro–patriarcado, obviamente bajo el pretexto de valorar la situación de las mujeres sobre los hombres y denunciar los estereotipos "género".

Odio al sexo

Podemos identificar fácilmente en todas estas manifestaciones un odio inconsciente al sexo, es decir al placer sexual que termina con el orgasmo cuya función esencial Wilhelm Reich ha demostrado claramente. Rechazar la palabra sexo en favor de un término de género muy neutral es todo un programa. El género es gramática mientras que el sexo huele a esperma y jugo de amor, el sudor de cuerpos entrelazados, en fin, la vida. Por definición, el sexo es binario. Siempre necesitas un órgano en otro, incluso en la masturbación, necesitas la cosa en la mano o la mano en la cosa. Rechazar la binariedad del sexo es en verdad rechazar el placer sexual, renunciar al orgasmo. ¡Reich despierta, se han vuelto locos!

En la lógica *trans*, ante todo está el disgusto por el propio sexo. Me siento como una mujer en el cuerpo de un hombre, eso significa: no me gusta el cuerpo de este hombre. E inversamente. Pero si me convierto en mujer, ¿cómo voy a amar estos cuerpos masculinos ahora? De ahí esta peculiaridad muy común: las personas transgénero se vuelven homosexuales. Quiero convertirme en mujer para llevar una vida lésbica. También conocemos parejas de lesbianas que se separan cuando una de ellas pasa a un cambio de sexo. Asimismo, los hombres que se han convertido en "mujeres" para convertirse en lesbianas. Esto no impide, si no se ha completado el cambio de sexo, que estas parejas del mismo sexo tengan hijos, hijos de dos hombres o dos mujeres según el estado civil, pero en realidad de, como todos los hijos, gametos masculinos y femeninos. Todavía estamos en el simulacro.

Los psicólogos hablan de trastornos de la identidad de género. Es poner una palabra sobre lo que malinterpretamos. Este trastorno de la identidad de género se refiere fundamentalmente a la incapacidad de aceptar el propio deseo con franqueza y sin rodeos. ¿Cómo no ver la ancestral obsesión por el sexo ? Freud había dicho, en una carta a Jones (1914): *"Quien prometa a la humanidad librarla de la vergonzosa sujeción sexual, sea cual sea la tontería que decida decir, será considerado un héroe"*. Estamos ahí: se trata de prometer a la humanidad que nos libraremos de la "sujeción sexual" ya que ya no estaremos atados a un género. Lo que es muy molesto es que todavía estamos obligados, en la reasignación como se hace hoy, a elegir entre hombre y mujer. ¿Por qué no podemos elegir ser "neutral", o de un sexo aún desconocido y por inventar que no sería ni masculino, ni femenino, ni neutro? Este delirio ahora es común y muestra que la lucha contra la concepción "binario" es en verdad también una lucha contra la lógica, que, como todo el mundo sabe desde los primeros delirios posteriores a los sesenta y ocho, es sin duda de esencia "fascista"[10].

---

[10] Ver también: STEUCKERS, R.: *Daniel Cologne y los inconformistas de los años 70*. Cenicero: Letras Inquietas, 2021 (Nota del editor).

Tomarse uno mismo por Dios

Dios es el único ser que es *causa sui* y es, en este sentido, absolutamente libre: esta es la principal enseñanza de la teología cristiana, codificada en la Edad Media y radicalmente subvertida por Spinoza[11]. Sustituyamos a Dios por la naturaleza y se preservará lo esencial, a saber, que el hombre no es absolutamente libre ya que no es la causa de su propia existencia ni de las leyes que la gobiernan. Tesis difícil de impugnar. No hemos decidido ser ni ser quienes somos ya que todo esto nos lo da primero la biología, luego las relaciones primarias con los adultos, rela-

---

[11] Ver también: BIELSA ARBIOL, J.A.: *El nimbo y la pluma: Grandes custodios de la doctrina católica*. Cenicero: Letras Inquietas, 2020 (Nota del editor).

ciones que obviamente no dominamos. *"El hombre no es un imperio dentro de un imperio, es una parte de la naturaleza cuyo curso sigue"*: es absolutamente necesario, si no queremos hundirnos en la locura y en esta forma clásica de locura que es *hybris*, sacar todas las conclusiones que se deben sacar de esta tesis spinozista.

Usé el término locura. Solo estoy siguiendo lo que dicen muchos psicoanalistas. De hecho, la idea de que podemos cambiar de sexo es una idea loca porque se topa con una imposibilidad; solo podemos cambiar las apariencias y el estado civil; dentro del cuerpo, los cromosomas siguen siendo lo que son. Y los transexuales logran olvidar el momento de su vida vivido en el sexo aborrecido solo a costa de la negación y la división. El tratamiento inventado por los médicos desde mediados del siglo XX es una "respuesta loca", una "oferta loca" a la demanda loca de los transexuales, aunque los hechos demuestren que es un paliativo que suaviza el sufrimiento. Podríamos añadir que los paliativos para aliviar el sufrimiento no son necesariamente legítimos: el alcohol o las drogas alivian mucho sufrimiento y los médicos, sin embargo, no los prescriben. Entonces, ¿cuál es la naturaleza de esta locura ?

La elección del propio sexo es el primer medio para elegirse a uno mismo, al igual que la elección del sexo del niño, posibilitada por la fertilización in vitro, y el análisis del código genético aparece como una manifestación del poder paterno sobre el niño. No hemos analizado suficientemente la perversión que se manifiesta en el deseo de elegir el sexo del feto. En el caso de que los padres elijan el sexo del hijo, ya no son procreadores, sino creadores. El niño es su producto ya que decide una característica esencial de lo que será. Habermas ha dicho algunas cosas muy razonables sobre este tema en *El futuro de la naturaleza humana*. Si somos capaces de transformar la procreación natural en una producción real de humanos (con estándares de calidad que lo respalden), es de hecho el horizonte de estas técnicas de reproducción asistida que han ido en gran medida más allá de su ámbito inicial de aplicación, es decir, para remediar los problemas de infertilidad de las parejas. Lejos de ser un simple avance de la medicina como la vacunación o los trasplantes de corazón, sería una transformación ontológica del hombre. Podríamos terminar con una situación en la que un individuo estaría en lo que tiene de particularidad, de lo específico, en lo que hace su individualidad, se convierta en un mero resultado de cálculos paternos y médicos. Habermas ha demostrado de manera bastante convincente que tal situación conduciría a la asimetría moral fundamental entre los individuos nacidos de los peligros de la meiosis y los que serían productos de la tecnociencia de la procreación.

La aparente libertad adquirida por los padres sería a costa de una no libertad de los hijos. En el caso de que sea el propio sujeto quien decida su propio sexo, se pone en el lugar de sus todopoderosos padres. No les debo nada, dirá. Se afirma así la desvinculación de lo que une a cada individuo humano, la relación de filiación. La operación de cambio de sexo es, pues, la loca afirmación por la que el sujeto se convierte en padre de sí mismo. Se es *causa sui* como Dios es *causa sui*. La Medicina amplía aquí las transformaciones que ya se han producido en el Código Civil. Cada vez podemos elegir más a menudo nuestro apellido, es decir, que elegimos a nuestros antepasados. Todo depende, obviamente, de los sistemas de citas variables de un país a otro. En España, el apellido incluye los nombres del padre y la madre (sabiendo que la filiación es siempre patrilineal y que la próxima generación debe eliminar uno de los dos nombres...) mientras que en Francia heredamos habitualmente el apellido del padre, con algunas excepciones. Evidentemente, el problema no es si se prefiere el sistema español al francés, o incluso si se debe adoptar una filiación matrilineal. Es que el individuo tiene la opción: puede decir, básicamente, "soy descendiente de quien me da la gana". La lógica de lo que está sucediendo en ese lado es darle al individuo el derecho de llamarse a sí mismo como mejor le parezca; no quiere que se le llame ni Dupont ni Martín, sino Bonaparte: ¿con qué derecho se le impediría llamarse así? En muchos países, permitimos que las personas elijan su sexo (perdón, su género) en el estado civil y hemos introducido un género neutral (este es el caso en Alemania) antes de introducir uno de estos múltiples "géneros flotantes" en los cuales se ha especializado la teoría de género. Mientras que el estado civil simplemente registra el certificado de nacimiento, es decir, un hecho que típicamente es el hecho sobre el cual el individuo no tiene control, el individuo tiene simbólicamente el derecho a cambiar hechos pasados. Puede que haya nacido Jean

Dupont hombre, no importa, ahora me llamarán Jeanne Durand mujer o Dominique Dubois, de sexo neutral. Pensamos que la reescritura del pasado era característica de los sistemas totalitarios, pero ahora se convierte en un derecho en la época del rey individuo. Evidentemente, podríamos citar otras limitaciones terribles que nos pesan debido a nuestro estado civil, como las relacionadas con la edad. Para evitar la jubilación forzosa, podría cambiar mi fecha de nacimiento haciéndome diez años más joven o, por el contrario, hacerme mayor para reclamar antes mis derechos de pensión, o beneficiarme de tarifas reducidas en el ferrocarril o en los museos. Y para colmo, podría exigir a la medicina que me moldee un cuerpo adaptado a mi nuevo estado civil.

Según el *Génesis*, el hombre fue creado a imagen y semejanza de Dios. En la era del individuo, el hombre se toma a sí mismo por Dios. En parte, podemos encontrar en este delirio la culminación del proyecto de modernidad. En la última parte del *Discurso del método,* Descartes anunció que, gracias a la nueva ciencia, el hombre podría convertirse en algo así como *"el amo y dueño de la naturaleza"*. Olvidamos el "igual que" (es decir que nos olvidamos de que el hombre era solo imagen y semejanza de Dios) para pensar que íbamos a convertirnos en dueños y dueños de la naturaleza, sin ninguna restricción. Descartes pensó que la física no solo podría aliviar el dolor de los hombres gracias a la construcción de máquinas, sino también por sus extensiones en la ciencia médica, nos garantizaría la salud, el mayor de todos los bienes, y sobre todo eso, estando el alma estrechamente relacionada con cuerpo, la medicina ayudaría a hacernos más hábiles y sabios. Se supone que los retoques de la reasignación de género hacen que las personas que se sienten mal consigo mismas sean más felices mientras esperan para hacerlas más hábiles y sabias. Parece que acabamos de inventar una pastilla contra los dolores de cabeza.

El transgénero es, por tanto, una de las formas más asombrosas y extrañas de esta marcha hacia adelante más allá de la humanidad. La fantasía de la omnipotencia combinada con la completa cosificación del cuerpo humano, un cuerpo que ya no es un ser vivo, sino carne, en manos de carniceros especialistas en escultura de carne. *"La concepción de la humanidad, propia del carnicero"*, como dijo Legendre. Pero tan pronto como los hombres se toman a sí mismos por Dios, los religiosos regresan a toda velocidad: es precisamente la depreciación del cuerpo la que se implementa en la fabricación de estos hombres que ya no son hombres, sino simulacros de mujeres y hombres. Ya no son mujeres, sino hombres de burla. Depreciación en beneficio de este querido yo, de esta alma independiente del cuerpo y capaz de elegir un cuerpo como se elige una prenda de vestir en una tienda. La vieja intolerancia no está lejos.

El alma separada del cuerpo es también lo que los investigadores de inteligencia artificial afirman descubrir, en un momento en el que uno se pregunta si será necesario otorgar derechos humanos a los robots y cuando Arabia Saudita otorgue la ciudadanía saudí a una de estas máquinas. Entre los penes con resorte o inflados neumáticamente y las almas de robot, hay una cosa en común: la desintegración de la pulsión de muerte y el deseo de volver a un estado inorgánico. Todo esto empieza a apestar a la descomposición de la sociedad sujeta a la ley del capital, de esta sociedad donde, como decía Marx, *"los muertos se apoderan de los vivos"*.

La editorial no se hace responsable ni tiene por qué hacer suyos los argumentos y las opiniones defendidas por el autor.

Letras Inquietas

Colección A mano alzada

Títulos publicados

Transgénero
Denis Collin

La muerte del trabajo
Diego Fusaro

Imperium, Eurasia, Hispanidad y Tradición
Varios autores

El virus del liberalismo
Carlos X. Blanco

Avatar 2045
José Antonio Bielsa Arbiol

La insubordinación de España
Carlos X. Blanco

Agenda 2030
José Antonio Bielsa Arbiol

Ensayos antimaterialistas
Carlos X. Blanco

El Imperio y la Hispanidad
Varios autores

La Hispanidad descompuesta
Ernesto Ladrón de Guevara

Pandemia contra España
Varios autores

Nueva defensa de la Hispanidad
Ernesto Ladrón de Guevara

Refundación soberana
Carlos Martínez–Cava

Colección Identidades

Títulos publicados

Por una brújula metapolítica y otros ensayos identitarios
Jean-Patrick Arteault

El peregrino absoluto
Varios autores

Daniel Cologne y los inconformistas de los años 70
Robert Steuckers

Elementos para un nuevo nacionalismo y La ilusión marxista
Daniel Cologne

100% Fusaro
Diego Fusaro

En defensa del Estado nacional
Denis Collin

El camino hercúleo de la Tradición
Georges Feltin-Tracol

Bolsonaro
Sergio Fernández Riquelme

Colección Visegrado

Títulos publicados

De Lenin a Gorbachov
Sergio Fernández Riquelme

La forja del Imperio Ruso
Sergio Fernández Riquelme

El fin de un mundo
Sergio Fernández Riquelme

El renacer de Rusia
Sergio Fernández Riquelme

El nacionalismo serbio
Sergio Fernández Riquelme

Colección San Agatón

Títulos publicados

Distributismo
Sergio Fernández Riquelme

Sedevacancia
Patricio Shaw

Satanocracia
José Antonio Bielsa Arbiol

El nimbo y la pluma
José Antonio Bielsa Arbiol

Colección Hechos y documentos

Títulos publicados

El Libro Rojo y Negro de Ramiro
Ramiro Ledesma Ramos

Traición en Toulouse
Varios autores

El factor Franco
José Antonio Bielsa Arbiol

Tiempo de incertidumbre
Carlos X. Blanco

Colección Gracián

Títulos publicados

De la Liga Norte a la Lega
Sergio Fernández Riquelme

Rubén Darío, la Masonería y Cataluña
Alberto Acereda

Los nombres robados
Ernesto Ladrón de Guevara

Printed in Great Britain
by Amazon

70760967R00064